Immer der Nase nach...

Kunterbunte Begegnungen

Kunterbunte Begegnungen
© 2022 Luitpold Klassen

Umschlagdesign: Luitpold Klassen und Stefanie Gekle
Gesamtlayout und Illustrationen: Stefanie Gekle
Fotos: Marion von Voithenberg, Diana Dietrich, Michaela Ranftl, Anna Hieger, Luitpold Klassen, Stefanie Gekle

ISBN: 978-3-00-072835-8

Vorwort

Wir schaffen immer etwas gemeinsam mit anderen. Und wir sind nie allein, auch wenn wir uns manchmal so fühlen. Ich danke der Person, die mit mir zusammen diese wunderbar kunterbunten Begegnungen erleben durfte, oder zugehört und sie in geschriebene Worte gefasst hat. Ich bewundere ihre unerschöpfliche Liebe zu den Menschen und ihre Bescheidenheit. Ihr engelhaftes Wesen auf Erden und ihre Kraft, selbst dann zu bestehen, wenn sie schon lange aufgebraucht ist. Ich respektiere ihre Zurückhaltung, und doch lebt ihr Geist in diesen Geschichten und in meinem Herzen.

Kunterbunte Begegnungen mit einem KlinikClown.

Die im Buch erzählten Erlebnisse beruhen auf wahre Begebenheiten. Die Namen der Patienten/innen wurden geändert. Ähnlichkeiten sind rein zufällig und nicht beabsichtigt.

Prolog

Nicht die Schminke oder die Nase macht einen KlinikClown aus, sondern sein Herz, das er immer wieder neu verschenkt. Seine Aufmerksamkeit im Moment... da zu sein und das zu geben, was am Wertvollsten ist. Zeit. Dabei spielt es weniger eine Rolle, wie lange Begegnungen stattfinden, sondern was darin passiert. Und oft ist weniger mehr. Um sich zu verstehen ist es nicht wichtig, gut zu hören, sondern gut zu fühlen. Ein KlinikClown hat kein einstudiertes Programm, sondern spielt mit Feingefühl und Improvisation. KlinikClowns beherrschen ihr Handwerk, das aus den verschiedensten Fertigkeiten zusammengesetzt werden kann und bei Bedarf aus der Hosentasche gezogen wird. Oder aus einer Handtasche, aus der Luft, oder einfach nur aus dem Herzen.

„Ich habe auch ein Herz, das für Kinder schlägt, aber ganz kann ich es nicht hergeben, ich kann es nur stückchenweise verschenken."

Ein Mittwoch wie jeder andere

Unauffällig mische ich mich unter die Menschen, die die lange Besucherstraße der Klinik passieren. Ich bin hier nicht der Einzige, der einen Rollkoffer hinter sich her zieht, wohl aber der Einzige, dessen Kofferinhalt neben dem Outfit eines Spaßvogels vorrangig aus Luftballons und Seifenlauge besteht. Den Weg finde ich blind – die übernächste Abzweigung rechts und dann mit dem Fahrstuhl bis in die 9. Etage.
„Ein Herz für Kinder" steht neben dem Bild an der Wand vor der Station geschrieben. Das trifft es genau, denn viele der kleinen Patientinnen und Patienten, die ich gleich besuchen werde, sind lebensbedrohlich am Herzen erkrankt und warten auf ein rettendes Spenderorgan. Ich habe auch ein Herz, das für Kinder schlägt, aber ganz kann ich es nicht hergeben, ich kann es nur stückchenweise verschenken.
Es ist ein Mittwoch wie jeder andere und doch immer wieder anders, denn ich weiß nicht, was mich gleich hinter der Glastüre erwartet. Vertraut ist nur das Summen der Türautomatik. Was dann kommt, ist jede Woche neu.
„Endlich bist du da!", begrüßt mich die durch den Gang flitzende Schwester. „Die Eltern von Lara erwarten dich schon sehnsüchtig!" Ich habe Mühe, ihrem Eilschritt zu folgen und bevor sie mit einer neuen Infusion in das nächste Zimmer abbiegt, flüstert sie mir ins Ohr: „Lara geht es heute gar nicht gut, wird immer schwächer."
Lara ist ein Palliativkind. Wochenlang hofften die Eltern, hangelten sich von einer Operation zur nächsten, bis fest stand, dass man nichts mehr für das dreijährige Mädchen tun kann. Retten werde ich das Kind auch nicht können, aber ich kann ihr einen bunten Augenblick schenken. Deshalb beeile ich mich mit dem Umziehen und lasse das kurze Begrüßungsschwätzchen mit dem Pflegeteam weg. Dafür ist später noch Zeit. Für Lara zählt jetzt jede Minute.

„Wir vier tauchen in einen langen Augenblick der völligen Ruhe ein. Ein kleines Stück Gemeinsamkeit."

Bevor ich ein Zimmer betrete, klopfe ich an und frage, ob ich erwünscht bin. Es ist die Privatsphäre des Kindes, da platzt man nicht einfach so hinein.
Auch an der Türe von Laras Zimmer klopfe ich, obwohl ich weiß, dass ich hier jederzeit willkommen bin. Erleichtert rücken die Eltern ein wenig vom Gitterbett weg, damit ich Zugang zur kleinen Patientin habe. Nun sind sie nicht mehr allein in der unerträglichen Situation. Es ist noch jemand da, der Zeit hat, der daneben steht, der Anteil nimmt, der zuverlässig ist und auch dann noch kommt, wenn es eigentlich nichts mehr zu tun gibt. Sie fühlen sich integriert, noch nicht abgeschoben. „Schau mal Lara, wer da ist!". Die Mama versucht das stöhnende Kind aufzumuntern. Abgemagert, zitternd und mit blassblauer Haut liegt Lara gekrümmt auf der Seite. Jede Bewegung schmerzt und sie hat keine Lust, den Kopf zu drehen, um das Rätsel wegen des Besuchers zu lösen. Heftig schnappt sie nach Luft. Die Maske neben ihr beliefert sie zusätzlich mit Sauerstoff. Ich lasse Seifenblasen fliegen, die sich um das Band ihres Gasballons schlängeln und neben dem orangen Fisch neben ihrem Bett wie Blubberblasen wirken. Lara betrachtet das Seifenblasenspiel und wir vier tauchen in einen langen Augenblick der völligen Ruhe ein. Ein kleines Stück Gemeinsamkeit. Dann beginne ich leise Laras Lieblingslied zu singen: „Grün ja grün sind alle meine Kleider". Zunächst bewegt Lara nur die Lippen dazu, ab und an singt sie einzelne Worte mit, zum Schluss den gesamten Refrain. Mama und Papa stimmen mit ein. Lara lächelt sogar, als ich mich immer wieder an der gleichen Stelle versinge.
Ein zum Tode verurteiltes Kind nimmt noch einmal intensiv am Leben teil. Dieses Bild werden die Eltern mitnehmen. Es wird sie später in ihrer Trauer ein klein wenig trösten.

Celina

Sperrangelweit einladend steht die Zimmertüre offen. Nicht nur das Kind, sondern auch die Mutter will den Clown nicht verpassen und ist sich in Folge der lustigen Stimmung im Stationsgang sicher, dass ich im Anmarsch bin.
Celina springt wie ein Gummiball, als sie mich sieht und die Mutter hat Mühe, den Infusionsständer zu lenken, der Celina zwar ein Bewegen außerhalb des Bettes ermöglicht, ihr aber lediglich einen Radius von 1,5 Meter zugesteht, ohne sich die Schläuche aus dem Körper zu reissen.
Heute steht ein dickes „Ja" hinter ihrem Namen auf der Patientenliste und ich freue mich, sie so lebensfroh zu sehen. Das ist nicht immer so. Ihr Zustand schwankt gewaltig. Oft wird sie auf die Intensivstation verlegt, ist zu schwach zum Sitzen und muss brav ruhen. Auch dort besuche ich sie, setze mich an die Bettkante und erzähle ihr eine Geschichte. Und immer habe ich etwas in lila dabei… eine Ballonblume oder eine Puppe aus Luftballons modelliert, die sie dann fest an sich drückt. Lila ist ihre Lieblingsfarbe. Man muss ja nicht immer toben und lustig sein, aber vergessen darf man niemanden.
Heute dürfen wir aber lustig sein und auch ein wenig toben, denn ihre Werte haben sich ein bisschen gebessert. Die blaue Matte, die mitten im Zimmer liegt, verwandle ich in einen Pool und versuche einen Kopfsprung. So ganz klappt er nicht, stattdessen verheddere ich mich im Wollknäul, das die Mutter zum Stricken auf dem Tisch liegen lassen hat. Meine rote Schaumstoffnase kullert unters Bett und da niemand die Rettungsstelle anruft, mache ich das selbst und imitiere auch das Martinshorn mit dem Kazoo, das ich endlich ganz unten in der Hosentasche finde, nachdem ich den gesamten Tascheninhalt im Zimmer verstreut habe. Ich befinde mich in einer peinlichen, schier ausweglosen Situation, aber alle um mich herum lachen. Die Mutter sogar

so sehr, dass ihr die Tränen kommen. Aus der Peripherie sehe ich die Reaktionen der Krankenschwestern, die das Schauspiel an der Türe stehend mitverfolgen. Sie sind nicht nur belustigt, sondern auch erleichtert, dass die sonst so traurige und oft weinende Mutter Spaß hat. Ein Zeichen für mich, mein Spiel fortzusetzen. In so einem Krankenzimmer gibt es unzählige Möglichkeiten zu stolpern oder auf dem Schaumstoffquader einzusinken, ohne es zu bemerken… und wenn die Mutter vergebens das Messer zum Schneiden des Kuchens sucht, modelliere ich ihr eins aus Ballons… zwar überhaupt nicht scharf, dafür aber bunt und unübersehbar groß. Den Kuchen hat sie vielleicht nicht extra für mich gebacken, aber ich bekomme ein riesiges Stück davon ab. „Du weißt gar nicht, wie gut du uns tust, Lupino! Hoffentlich ist bald wieder Mittwoch!"

Eigentlich wollte ich diese Woche auf Süßes verzichten – des Bauches wegen – aber der Kuchen schmeckt so nach Liebe und Dankbarkeit, dass mir meine Konfektionsgröße im Moment völlig egal ist.

Jakob

Mit einem stolzen Alter von 16 Jahren ist man natürlich viel zu erwachsen, als dass man es mit einem Clown zu tun haben möchte. Trotzdem klopfe ich an Jakobs Türe und frage, ob ich eintreten darf. Er sagt nichts, stattdessen dreht er sich weg und zeigt mir den Rücken. Das ist Antwort genug. Ich stelle mich vor, erzähle, was ich hier in der Klinik mache und dass ich jeden einzelnen Patienten besuche, wenn er es möchte. Und wenn er es nicht möchte, darf er es auch gerne sagen oder zeigen. Ich krame in meiner Hosentasche nach einem grünen und einem roten Luftballon – in Herzform versteht sich. Das Rascheln hat Jakob neugierig gemacht, denn nun bewegt er doch seinen Kopf in meine Richtung. Das ist jetzt meine Ampel für dich. Wenn ich anklopfe und durch das Türfenster schaue und du möchtest nicht, dass ich herein komme, dann hebe einfach den roten Luftballon. Das bedeutet „Nein". Wenn ich eintreten darf, dann zeige den grünen Luftballon. Dann weiß ich Bescheid.
Jakob nimmt die beiden Luftballons und sagt: „Okay! Danke!".
Mehr nicht. Aber mehr braucht es auch nicht. Wir haben uns schon verstanden.

„Wir haben uns schon verstanden."

Dustin

Vor zwei Wochen hat Dustin den 11. Geburtstag gefeiert. Hier in der Klinik... auf der Intensivstation. Er ist ein tapferer Held, der seiner verzweifelten Mutter immer wieder beweisen möchte, dass es doch gar nicht so schlimm um ihn steht. Für eine Stunde am Nachmittag ist er allein und genau diese Stunde nutze ich am Mittwoch, um bei ihm zu sein. Dann darf er fluchen und schreien und all seine gestauten Aggressionen an mir ablassen, damit er danach wieder stark genug für die Mutter ist.
„Deine Hose sieht ziemlich scheiße aus!", bemerkt er heute und während ich unverständlich an ihr herunterschaue, bewusst mit der hinteren Hosentasche ganz dicht an seine Hand rückend, klaut er mir die Ballonpumpe aus der Tasche. Ich habe es natürlich nicht bemerkt und suche sie überall. „Mein Gott, bist du dumm!", ruft er im Bett sitzend und die Beute grinsend hochhaltend. Meine Hand langt nach der Ballonpumpe, aber Dustin reagiert blitzschnell und versteckt sie zwischen seinen Füßen. Ein 11-jähriger kann ziemlich lang sein und bis ich vorne bei den Füßen bin, ist die Pumpe schon wieder verschwunden und nirgendwo mehr zu entdecken. Nur Dustins Kopfkissen wölbt sich urplötzlich viel stärker als vorher. Es macht ihm Spaß, mich ein

„Dann darf er fluchen und schreien und all seine gestauten

bisschen zu scheuchen und mir tut Bewegung ehrlich gesagt sehr gut. Irgendwann wird ihm das Spiel langweilig und er verlangt nach einem blauen Luftballon. Mit den Farben habe ich es nicht so, aber blau finde ich ganz leicht. „Das ist rosa, du Dummkopf!". Also habe ich mich doch vertan. Ich wühle und sortiere und suche... liege aber farblich jedes Mal falsch. „Herrgott nochmal! Gib mal die Tüte her! So bescheuert kann man doch gar nicht sein!"

Er holt sich einen blauen Ballon heraus, steckt ihn auf die Pumpe, hat aber kaum Kraft, sie zu betätigen. „Die ist ja voll im Arsch!! Die geht ja gar nicht!" Ich darf ihm ein wenig helfen, bis es leichter wird, dann bewegt er sie selbst. Mir wird himmelangst, wie viel Wutluft er in die zarte Hülle drückt und halte mir die Ohren zu. „Musst keinen Schiss haben! Der platzt nicht so schnell!" Tut er zum Glück auch nicht, denn er löst sich von der Pumpenspitze und sprudelt in immer kleiner werdenden Loopings durch den Raum.

Erneut langt Dustin in die Tüte und sucht sich einen grünen und einen gelben Ballon heraus. Den grünen reicht er mir und bittet: „Baust du mir einen Piratensäbel?", und etwas leiser fügt er hinzu: „Und aus dem gelben für meine Schwester einen Hund?". Das ist unser Ritual. Jede Woche bekommt er zwei Ballonfiguren nach Wunsch – eine für ihn und eine für seine jüngere Schwester, die er seit Wochen nicht mehr gesehen hat, da sie die Intensivstation* nicht betreten darf.

Mama und Papa werden ihr den Hund heute mitbringen... als kleinen Gruß vom kranken Bruder... damit er wenigstens eine klitzekleine Verbindung zu ihr hat.

Geschwisterkinder bzw. Kinder unter 14 Jahren dürfen die Intensivstation leider nicht betreten.

Aggressionen an mir ablassen, damit er danach wieder stark genug für die Mutter ist."

Annika

Mein obligatorisches Mittwochskonzert findet im Zimmer 10 statt.
Annika weiß, dass sie unbestimmt lange Zeit hier in der Klinik verbringen muss und hat ihre Gitarre von zu Hause mitgebracht. Zu Hause ist weit weg. Zumindest erzählte sie mir, dass man fast 2 Stunden mit dem Auto braucht, um dort hin zu gelangen. Manchmal fährt auch der Papa, der sich von der Firma beurlauben lässt, um bei Annika zu sein, nach Hause, weil die berufstätige Mutter keinen Babysitter für die beiden jüngeren Geschwister findet. Dann ist Annika für einen Tag allein, fast allein, denn sie hat ja ihr Musikinstrument, das sie sehr liebt.

„Doch ich beurteile nichts – weder bewusst noch unbewusst. Ich genieße, applaudiere und staune und mache sie damit ein klein wenig stolz und glücklich."

Die Spielstücke, die sie vorher bereits konnte, beherrscht sie auswendig. Von unserer Musiktherapeutin bekommt sie jede Woche neue Lieder, die sie fleißig übt und mir dann mit Freude präsentiert.

Ich liebe Musik, wollte auch probieren, wie die Gitarre funktioniert, hatte aber schon große Probleme beim Halten des Instruments. Das heißt, dort, wo bei Annika die Saiten und das Schallloch sichtbar sind, war bei mir nur eine Holzplatte und als Annika mir erklärt, dass ich sie anders herum drehen muss, war plötzlich der Gitarrenhals auf der rechten Seite und wieder keine Saiten, auf denen ich zupfen konnte. „Ich glaube, es hat keinen Zweck mit dir", entmutigt mich darauf das Mädchen. Seitdem bin ich nur Zuhörer. Und es ist gut so. Ich spiele auch nicht auf meinem Kazoo mit, was ich bei anderen Kindern gerne mache, um Gemeinsamkeit herzustellen. Annika braucht etwas, was nur sie allein kann, womit sie die Schwächen, die sie durch ihre Krankheit erfahren muss, aufwerten kann. Ihre Familie hat derzeit Stress, Sorgen, Ängste, finanzielle Not... und das alles nur ihretwegen denkt sie. Sie fühlt sich minderwertig und schuldig, krank zu sein.

Virtuos tanzen ihre Finger auf dem Griffbrett. Mitunter zuckt sie zusammen, beobachtet mein Gesicht, um zu kontrollieren, ob ich ihren Fehler bemerkt habe.

Doch ich beurteile nichts – weder bewusst noch unbewusst. Ich genieße, applaudiere und staune und mache sie damit ein klein wenig stolz und glücklich.

Zimmer 18

Ich bewege den Stoffvorhang am Türfenster ein wenig nach rechts, um die Situation im Zimmer zu überblicken. Alles friedlich. Sebastian sitzt im Bett, seine Mutter daneben auf einem Stuhl. Sie scheinen sich zu unterhalten, haben mich nicht bemerkt. Ich klopfe an und schiebe vorsichtig die Türe auf: „Darf ich herein kommen?", frage ich. „Nein!!!", schreit mir Sebastian entgegen. Ich gehorche, schließe die Türe und gehe weiter zum nächsten Zimmer. Plötzlich stürzt Sebastians Mutter aus der 18, rennt mir hinterher und fragt: „Könnten sie das bitte noch einmal machen?". Erneut klopfe ich an die Türe 18: „Darf ich reinkommen?". „Nein!!!", schallt es mir entgegen. Ich gehe weiter im Gang und wieder kommt mir die Mutter nach und sagt: „Bitte klopfen sie noch einmal!"
Der Vorgang wird mehrmals wiederholt. Immer wieder soll ich anklopfen. Immer wieder frage ich, ob ich eintreten darf. Immer wieder werde ich aufs Schärfste abgewiesen. Die Situation gewinnt immer mehr an Komik. Die Mutter amüsiert sich und auch Sebastian muss letztendlich laut lachen.
Obwohl ich nie wirklich Zutritt zu diesen Zimmer bekomme, habe ich mit Sebastian eine längere Kommunikation als mit manch anderem Kind an diesem Tag. Einen Arzt muss Sebastian einlassen. Der klopft nicht oder fragt, ob er eintreten darf. Er kommt einfach. Und es ist gut und wichtig, dass er kommt... der Gesundheit zuliebe. Ich kann Sebastian nicht gesund machen. Ich kann niemanden gesund machen, aber ich kann dafür sorgen, dass ein klein wenig Menschenwürde erhalten bleibt, indem man das Recht bekommt, selbst zu entscheiden. Und von diesem Recht hat Sebastian heute ausgiebig Gebrauch gemacht.

„Darf ich reinkommen?". „Nein!!!"

Veronika

Bei Veronika ist das so eine Sache... Wenn sie allein im Zimmer wohnt und Besuch hat, möchte sie nicht, dass ich komme. Albern sein ist was für Kinder und nichts für 17-jährige. Wie peinlich wäre das denn, wenn man einen Clown herein ließe, noch dazu vor dem gesamten Freundeskreis?!

Sobald das Zimmer aber doppelt belegt ist, egal wie alt die Bettnachbarin ist, enthält sich Veronika der Stimme und lässt die andere Patientin entscheiden, die mir immer ein Go gibt. Zunächst beschäftige ich mich der Peinlichkeit halber nur mit der Bettnachbarin, beziehe aber spätestens dann, wenn ich spüre, dass sich Veronika mühsam das Lachen verkneift, auch sie mit ein, die im Prinzip nur darauf wartet, angespielt zu werden. Das dicke „Alibi Buch", in dem sie seit meinem Eintreten zu hundert Prozent kein einziges Wort gelesen hat, legt sie demonstrativ zur Seite, um mir beim Verknoten eines Luftballons zu helfen. Meist ist sie es auch, die mich immer wieder zu neuen Spielen herausfordert. Mein Gefühl, dass das Lachen Veronika sehr gut tut, wird sowohl von der Mutter als auch vom Pflegeteam bestätigt: „Wenn du bei ihr warst, geht es Veronika viel besser als vorher!". Auch heute finden wir immer wieder neue Ansatzpunkte zur Erheiterung der beiden Mädchen und die von mir geplanten Besuchsminuten dehnen sich aus bis hin zu einer halben Stunde. Sie winken mir nach beim Gehen... auch dann noch, als ich bereits wieder im Klinikgang stehe und durch den Türvorhang schaue.

Ich hoffe, dass Veronikas Zimmer nächste Woche wieder doppelt belegt ist. Veronika zuliebe.

„Wie peinlich wäre das denn, wenn man einen Clown herein ließe, noch dazu vor dem gesamten Freundeskreis?!"

Im Stationsgang

Die Patientenliste studierend kollidiere ich beinahe mit einer Mutter, die ihr Baby auf dem Gang spazieren trägt. „Na, du Clown", spricht mich die Frau an, „Was hast du denn heute wieder vor?" „Ich tu nix klau'n!" entgegne ich ihr empört. Sie lacht, obwohl das mein voller Ernst ist. Ich bin doch nicht kriminell.
Das Kind auf dem Arm ist am Einschlummern, deshalb rede ich leise. Die Mutter hingegen fordert Action, braucht Ablenkung vom Klinikalltag, möchte kommunizieren... nicht nur in Babysprache.
(Warum stehen eigentlich Babys nicht auf meiner Besucherliste? Klar, die sind zu klein. Aber deren Mamas?) Ich habe verstanden und reagiere entsprechend. Im Nu bin ich umringt von Mamas mit Babys auf den Arm und auch ohne. Sie spornen mich an, auf ihre Wortspiele zu reagieren.
Das herzhafte Lachen des Publikums lockt immer mehr Zuschauer an. Auch Schwestern, Pfleger und Ärzte nehmen sich eine kurze Auszeit vom Dienst und heben mich in ihren Erwartungen auf eine von ihnen ersehnte Showbühne. So angeturnt bin ich in meinem Element und lege all mein Können in die Waagschale.
Der Oberarzt klopft mir freundschaftlich auf die Schulter, bevor er wieder davon eilt und auch alle anderen Angestellten nehmen ihre Arbeit wieder auf – das Lächeln immer noch auf dem Gesicht und ihre Bewegungen ein klein wenig beschwingter.

„Warum stehen eigentlich Babys nicht auf meiner Besucherliste? Klar, die sind zu klein. Aber deren Mamas?"

#

Der zweijährige Lukas ist Autist. Er lebt in seiner eigenen Welt, kann sich nur bedingt auf Situationen außerhalb seines Wahrnehmungsbereiches konzentrieren und ist nicht fähig, mit seiner Umwelt zu kommunizieren.

Durch die offene Zimmertüre beobachte ich, wie er gestikulierend und laut schimpfend unaufhörlich vor seinem Bett hin und her läuft. Er ist mit sich selbst beschäftigt und merkt nicht, dass ich mich langsam auf die Knie begebe und meine blaue Dose aus der Tasche ziehe. Lautlos, kaum anwesend forme ich Seifenblasen. Mein langer Atem kreiert nicht nur immer wieder kleine zarte Bällchen, sondern schlängelt sich wie ein andockendes Ruheband bis hin zum Krankenbett.

Zwei Welten treffen aufeinander. Drinnen der aufgeregte wirbelnde Junge und draußen aufsteigende und schillernde Seifenkugeln wie aus unsichtbarer Quelle. Plötzlich hält der Junge inne, dreht seinen Kopf in Richtung Türe und betrachtet die Seifenblasen, die überall im Gang fliegen. Er kommt näher und langt danach, streckt sich, will sie fangen. Ganz vorsichtig lässt er sie auf seine Hand gleiten bis sie zerplatzen. Neugierig sucht er den Entstehungsort dieser fliegenden Perlen, beobachtet meinen Mund, wie er durch die Öffnung des Plastikrings diese Zauberkugeln entstehen lässt. Ich hole meine Ballonpumpe hervor, stecke einen Luftballon auf und lasse ein rotes Herz entstehen bis es, ohne verknotet zu sein, in die Höhe tanzt und als leere Ballonhülle nach unten fällt. Lukas hebt den Ballon auf und gibt ihn mir in die Hand. Ich zeige ihm, wie man das Gummiteil auf die Pumpe setzt und drücke gemeinsam mit ihm Luft hinein, bis das rote Herz wieder sichtbar und immer größer wird. Erneut lasse ich es unverknotet durch die Gegend wirbeln und mir die leere Hülle bringen. Jetzt schafft es Lukas fast alleine, die Pumpe zu betätigen. Diesmal bleibt die Luft drin. Ich verknote den Ballon und schenke das pralle Herz dem staunenden Kind.

Mit beiden Händen trägt Lukas den Luftballon ins Zimmer, läuft mit ihm vor dem Bett hin und her und plaudert laut und unverständlich. Er befindet sich wieder in einer Welt, in der ich ihm nicht folgen kann. Aber für ein paar Minuten hat er seine Welt verlassen und ist meiner entgegen gekommen. So sind wir uns für einen kurzen Moment zwischen zwei Welten begegnet.

„Lautlos, kaum anwesend forme ich Seifenblasen. Mein langer Atem kreiert nicht nur immer wieder kleine zarte Bällchen, sondern schlängelt sich wie ein andockendes Ruheband bis hin zum Krankenbett."

Bianca

Sie hat sich heute vorgenommen, nicht zu lachen. Eintreten darf ich schon, aber lachen wird sie nicht, das steht fest.
„Ich hab die Schnauze voll!", pampt sie mich an, und ich kann ihre Wut gut verstehen. Wie oft hat man dieses Mädchen schon operiert. Wie oft versprach man ihr die baldige Entlassung. Wie oft musste man einen Rückzieher machen, weil wieder irgendetwas dazwischen kam.
Wunderbare Begegnungen hatte ich mit ihr, aber heute schaut sie mich nicht einmal an und fixiert nur die Bettdecke. Auch reden möchte sie nicht. „Hier wurde schon genug geredet!" Während die Schwester eine neue Infusion legt, setze ich mich an die Seite und hoffe auf eine zündende Idee. Die geschickten Handgriffe der Schwester beobachtend ziehe ich mein Kazoo aus der Tasche und unterstreiche ihre Bewegungen musikalisch. Wenn sie nach oben schaut, spiele ich einen hohen Ton und wenn sie nach unten blickt, einen tiefen Ton. Ich hatte noch gar nicht erwähnt, dass ich hier in einem wundervollen Stationsteam arbeite, in dem es so einige talentierte Anwärter für die Clownsschule gibt. Auch Schwester Anna hat Humor und bewegt sich elegant nach meiner Komposition. Aus ein paar Probetönen werden bekannte Lieder und bald legen ich, das Alleinorchester und Anna die Tänzerin eine fernsehreife Performance hin.
Bianca bemüht sich noch immer um teilnahmslose Sturheit, aber lange hält sie es nicht durch. Nach einem unaufhaltsamen Prusten bricht sie in schallendes Gelächter aus. Ob die Trompetentöne oder das Lachen die Zuschauer anlockten, ist unklar. Jedenfalls haben sich an Biancas Zimmertüre Schaulustige eingefunden, die uns mit Beifall und Zugaberufen zur Fortsetzung anspornen. Schwester Anna lässt sich nicht lumpen und auch mir fallen viele Gassenhauer ein, die ich zum feurigen Tanz der Schwester zum Besten gebe. Die Bravorufe und das Lachen, das sich meterweit ausbreitet, würden einem Regisseur auf

der Showbühne bestätigen: „Läuft alles nach Plan". Aber wir sind hier nicht auf einer Showbühne, sondern im Krankenhaus... auf der Intensivstation und geplant war von alledem gar nichts.
Wenn man Bianca so betrachtet, hat man nicht den Eindruck, dass ihr die Planänderung etwas ausmacht. Im Gegenteil, ihren Vorsatz, nicht zu lachen, hat sie wohl gerne über Bord geworfen.
Ich wünsche Bianca, dass sie sich bald auf dem Weg der völligen Genesung befindet und das sie dabei den Humor nicht verliert.
Für letzteres werde ich schon sorgen.

Paula

„Darf ich reinkommen?" Eine Erwachsenenstimme erteilt mir die Erlaubnis. Die dreijährige Tochter, um die es eigentlich geht, ist sich da nicht so sicher. Ängstlich klammert sie sich an die Mutter, als sie mich sieht. Die plötzliche Erkrankung, die panische Einlieferung in die Klinik, schmerzende Behandlungen, durchgeführt von vielen verschiedenen Personen haben das Vertrauen zu fremden Menschen sinken lassen.

Ich rede deshalb mit der Mutter, als ob ich mit dem Kind sprechen würde, stelle mich vor, frage, wie sie heißt und auch, wie das hübsche kleine Mädchen heißt. Noch immer betrachtet mich Paula aus dem Hinterhalt und verfolgt hoch konzentriert unsere Kommunikation. Während ich ins Blaue hinein erzähle, dass ich auch einen Freund habe, der Paul heißt und der vielleicht nur deshalb nicht so hübsch ist wie Paula, weil ihm dazu am Ende wohl ein „a" fehlt, modelliere ich eine kleine Ballonblume. „Kannst du die bitte der Paula geben?", frage ich die Mutter, indem ich ihr die Blume überreiche. Gleichzeitig bemerke ich, wie Paulas Hand zuckt, um nach dem Geschenk zu greifen, aber noch halte ich es und das Mädchen wartet geduldig ab, bis sie die Blume aus der vertrauten Hand der Mutter bekommt. Skeptisch – es könnte sich ja hierbei nur um eine raffinierte Behandlungsannäherung handeln – lehnt das Mädchen noch immer stumm und abwartend an der Mutter. Ihre Blicke wandern abwechselnd von der Blume in ihrer Hand zu mir und wieder zurück und versuchen zu begreifen, was hier vor sich geht. Eigentlich will ich mich bereits wieder verabschieden, stolpere jedoch beim tollpatschigen Schritt nach hinten über das Dreirad, das mir den Weg versperrt und liege der Länge nach auf den Fußboden. Paula lacht. „So geht das doch nicht!", beschwere ich mich. „Hier muss man erst mal ordentlich aufräumen." Das Dreirad stelle ich sofort ganz weit weg – so etwas darf mir nicht nochmal passieren – am besten gleich auf den Tisch, dort gehört es wohl auch hin. Dafür muss aber Mamas

Tasche weichen, die dort parkt. Die kommt ins Regal – ganz weit hoch. Paulas Hausschuhe lege ich aufs Fensterbrett, und das Bilderbuch auf den Monitor. Meine Mütze hänge ich an den Infusionsständer, denn mir ist sehr warm geworden. Es muss schließlich schnell gehen mit dem Aufräumen, ich habe ja nicht den ganzen Tag Zeit. Der Gymnastikball würde auf das Fensterbrett neben die Hausschuhe passen, aber Paula stoppt mich: „Hör auf! Du machst ja alles durcheinander!" Ich überlege. „Du hast recht. Ich habe mich vertan." Den Gymnastikball platziere ich auf den Tisch, dafür darf das Dreirad aufs Fensterbrett, auch wenn es sich dagegen sträubt. „Nein!", schreit Paula, „nicht dort hin!" „Wohin denn?" „Na da!" Der Finger des Mädchens zeigt mir den Ort, ich verfolge auch die Richtung in Verlängerung des Zeigers, aber entweder habe ich nicht richtig geschaut oder Paula hat ungenau gezeigt, jedenfalls bekomme ich schon wieder eine Rüge: „Nicht dort hin! Neben den Schrank!" Alles klar! Da steht aber ein Koffer. Macht ja nichts, den verfrachte ich an die Türe und schon hat das Dreirad neben dem Schrank Platz. „Der Koffer muss weg, sonst kommt man nicht rein!" Stimmt! Ich versuche, in den Koffer rein zu kommen, schaffe es aber nicht. Die Tür fliegt auf, eine Schwester empört sich: „Was ist denn hier los? Man kommt ja gar nicht rein!" „Das hab ich auch grad bemerkt... und Paula auch. Schmunzelnd schließt die Schwester die Türe wieder.

Blutdruckmessen kann man um 10 Minuten verschieben. Aber durch den Zwischenfall ist mein Plan völlig durcheinander geraten. „Was wollte ich denn jetzt eigentlich machen?" „Aufräumen!", hilft mir Paula auf die Sprünge. Sie gibt mir noch ganz genaue Anweisung, wo was hin soll und nachdem alles an seinem Platz ist und auch meine Mütze wieder auf meinem Kopf sitzt, betrachte ich das Zimmer und bin zufrieden: „So ist es gut! Viel besser als vorher!"

Nun kann ich mich endlich verabschieden, wobei ich einen auffällig großen Bogen um das Dreirad mache.
„Gehst du schon?", will Paula wissen. Ja, aber ich komme nächsten Mittwoch wieder... wenn ich darf", füge ich noch hinzu.
„Jaa!", sagt Paula.

„Eigentlich will ich mich bereits wieder verabschieden, stolpere jedoch beim tollpatschigen Schritt nach hinten über das Dreirad, das mir den Weg versperrt und liege der Länge nach auf den Fußboden."

Agshin

Panisches Schreien lockt mich ins Zimmer 24. Verzweifelt versuchen Schwestern und ein Pfleger Agshin zu beruhigen, um ihn Blut abnehmen zu können. Er weiß nicht, wie ihm geschieht, brüllt und schlägt um sich.

Der Vierjährige ist neu auf der Station, kommt aus Aserbaidschan, versteht die deutsche Sprache nicht, und die Großmutter, die ihn in das fremde Land begleitete, kann heute nicht bei ihm sein.

Die besänftigenden Worte der Schwestern helfen nicht. Agshin ist allein auf der anderen Seite der Nadel und hat Angst. Ich setze mich neben ihn auf die Bettkante und versuche, ihn mit Späßen aufzuheitern, doch auch das funktioniert nicht. Da alle verzweifelt sind, hilft nur noch eins – ein Piratensäbel. Ich modelliere zwei davon – einen gebe ich Agshin in die Hand und einen behalte ich. Bereits beim Modellieren wurde der Junge aufmerksam und da auch das Pflegeteam inne hielt, blieb mir Zeit für eine kumpelhafte Annäherung.

Ich fordere Agshin zu einem Zweikampf heraus, aber er hockt erschöpft und schluchzend im Bett. Wieder setzt der Pfleger mit der Nadel an und bevor Agshin weinen kann, kriegt der „Blutsauger" von mir einen sanften aber bestimmenden Ballonsäbelschlag auf den Kopf. Der Pfleger spielt mit und mit unserer fortwährenden „Doing" – „Aua!!" Vorstellung gelingt es plötzlich, das Röhrchen mit roter Flüssigkeit zu füllen ohne merklichen Widerstand des Jungen. Agshin hat Vertrauen gefunden und richtet, zwar noch etwas zögerlich, ebenfalls seinen Säbel drohend gegen den stechenden Pfleger.

Dann ist endlich alles vorbei. Das Blut ist bereits auf dem Weg ins Labor und ich bin unterwegs zu einem Kind, das ich Agshins wegen für ein paar Minuten warten ließ.

Nach Beendigung meiner Visite gehe ich noch einmal an Agshins Zimmer vorbei, dessen Türe weit offen steht. Ein paar Sekunden lang beobachte ich den kleinen Jungen, wie er sichtlich zufrieden mit den beiden Ballonsäbeln spielt. Als er mich sieht, lächelt er und winkt mir zu. Ich glaube, ich habe einen neuen Freund. Auch wenn wir nicht die gleiche Sprache sprechen, können wir uns doch sehr gut verstehen.

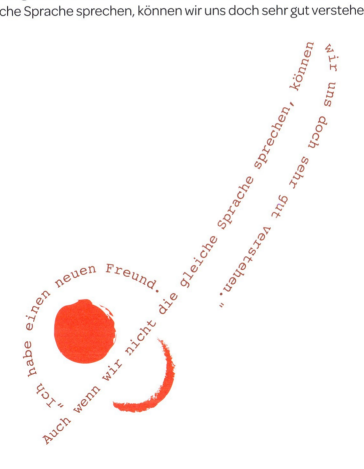

Auf der Besucherstraße

„Lupino, du sollst dich bitte unten im Sekretariat melden. Irgendwas unterschreiben, glaube ich." Das hätte der Schwester auch einfallen können, bevor ich umgezogen war. Na, macht nichts, dann laufe ich halt als Clown durch die gesamte Klinik. Bereits im Fahrstuhl habe ich wegen meines bunten Aussehens freundschaftlichen Kontakt zu meinen „Mitreisenden" und auch unten auf der Besucherstraße wird mein Lächeln, das ich jedem Passanten schenke, herzlich erwidert. Aus der Ferne sehe ich eine Frau auf mich zusteuern und als unsere Distanz immer kleiner wird, fängt sie an zu rennen, fliegt mir förmlich in die Arme und weint und weint. Ihr Kopf liegt geschützt an meiner Schulter und das Schwermutsnass dringt durch bis auf meine Haut. Ich halte sie ganz fest, während sie unaufhaltsam ihren Kummer auf mich herabregnet. So stehen wir eine ganze Weile. Wortlos miteinander verbunden, gebend und nehmend.
Als es ihr ein wenig leichter wird, erzählt sie mir: „Ich habe soeben erfahren, dass mein Sohn an Krebs erkrankt ist. Gelähmt vor Angst und Verzweiflung trieb ich durch die Gegend, bis ich Sie sah und wusste, das Sie derjenige sind, an den ich mich jetzt lehnen kann. Halten Sie mich bitte noch einen Moment fest?!"
Wieder legt sie ihren Kopf an meine Schulter und genießt den Halt, den ich ihr für ein paar Minuten geben kann. Es tut mir gut, ihr etwas so Wertvolles schenken zu können, und ich bin wieder einmal davon überzeugt, dass ein Clown nicht nur dazu da ist, Menschen zum Lachen zu bringen.
Während ich spüre, dass sich die Frau allmählich wieder aufrichtet, danke ich heimlich der Schwester, dass sie mich erst nach meinem Umziehen an das Sekretariat erinnerte. So konnte ich zur rechten Zeit am rechten Ort sein.

In solchen Momenten weiß ich, dass meine Entscheidung, Klinikclown zu werden, genau richtig war und ich bereue keine einzige Sekunde des harten Trainings während der oft körperlich anstrengenden und mental auslaugenden Ausbildung.

„Es tut mir gut, ihr etwas so Wertvolles schenken zu können, und ich bin wieder einmal davon überzeugt, dass ein Clown nicht nur dazu da ist, Menschen zum Lachen zu bringen."

Jessica

„Eigentlich hätten wir heut noch ein Mädchen für dich, aber die Mutter hat uns verboten, ihren Namen auf die Laufliste zu setzen. Angeblich mag Jessica keine Clowns, hat wohl sogar große Angst davor", gesteht mir die Schwester bei der Übergabe des Namenszettels. „Dabei würde es Jessica so gut tun. Es herrscht so eine traurige Strenge in ihrem Zimmer." „Ist schon in Ordnung." Das akzeptiere ich natürlich verständnisvoll. Ich bin schließlich hier, um Ängste zu nehmen und nicht, um welche zu schüren.
Auf meinem Visitenrundgang komme ich auch am Spielzimmer vorbei. Drinnen hockt ein kleiner Junge auf einem Bobby Car, fährt aber nicht, sondern träumt vor sich hin. „Hast du nen Platten?" will ich wissen und mit einem: „Warte, ich helfe dir!", habe ich auch schon die Ballonpumpe parat und bemühe mich schweißtreibend, die Plastikräder wieder fahrbar zu machen. Sehr gesprächig ist der Junge nicht, aber zumindest lacht er. Später erfahre ich, dass er gar kein Deutsch spricht, aber Give me five versteht er. Das ist wohl etwas Internationales und außerdem ist er ja auch dankbar für meine schnelle Reparatur.
Hinter meinem Rücken kichert jemand. „Stehst du schon lange da?", frage ich. „Ja." Danach kichert sie weiter. Höflich wische ich meine „ölverschmierten" Finger an der Hose sauber, reiche der Dame die Hand und sage: „Ich bin Lupino die Luftpumpe – äh – der Luftpumper." Wieder eine Lachsalve von ihr und weil sie sich mir nicht vorstellt, frage ich nach ihrem Namen. „Jessica", antwortet sie. Da sie ganz richtig beobachtet hat, dass ich mit meinen Reparaturarbeiten fertig bin, nimmt sie mich an der Hand und führt mich in ihr Zimmer. „Schau Mama!", präsentiert sie mich der Frau, die am Tisch sitzend verbissen mit ihrem Tablet beschäftigt ist. Die Mutter schaut kurz auf, aber nur um zu befehlen: „Du solltest doch Wasser holen!" Erneut nimmt das Kind meine Hand, zieht mich in den Gang bis hin zu den Wasserkästen. Sie nimmt

„Mit mir an ihrer Seite ist das sogar eine lustige Abwechslung vom langweiligen Ausharren auf Genesung."

eine Flasche heraus, wobei sie meine Hilfe strikt ablehnt. Menschen mit einer Behinderung sind genau so geschickt. Man muss es ihnen nur zutrauen. In der einen Hand die Flasche, an der anderen mich, spaziert sie freudig zurück zum Krankenzimmer. Eine verbale Belohnung seitens der Mutter gibt es jedoch nicht. Stattdessen ein grimmiges: „Das ist stilles Wasser. Ich wollte welches mit Kohlensäure." Jessica macht es nichts aus, die Runde erneut zu drehen. Mit mir an ihrer Seite ist das sogar eine lustige Abwechslung vom langweiligen Ausharren auf Genesung. Von Antipathie gegen einen Clown ist nichts zu spüren, geschweige denn von Angst. Diesmal gibt es ein „Danke" für die Wasserlieferung und die Mutter beteiligt sich sogar an unserem anschließenden gemeinsamen Spiel.
Vielleicht darf zukünftig auch Jessicas Name auf meiner Besucherliste stehen. Das Mädchen hat mit Sicherheit nichts dagegen.

Isabel

Isabel hat sich zusätzlich zu ihrer Herzerkrankung noch einen Virus eingefangen und liegt seit Wochen im Isolierzimmer. Niemand darf sie dort besuchen, das heißt, niemand ohne Schutzanzug, damit man die Keime nicht nach draußen trägt.
Durch den Türvorhang sieht man immer das gleich Bild – Isabel mit Teddy im Arm im Bett, daneben im Schutzanzug der Vater.
Wenn ich meine Ballonpumpe danach desinfiziere, darf ich zu ihr hinein. Diese Anweisung der Schwester motiviert mich zu einem Besuch von Isabel. Im blauen Kittel und mit Mundschutz sehe ich zwar nicht mehr ganz so aus wie Lupino, aber den beiden einsamen Menschen ist wohl jeder Gast recht.
Mit großen traurigen Augen blickt mich Isabel an. Tapfer duldet sie die Schläuche in der Nase. Dem Papa steht die Angst um seine Tochter förmlich ins Gesicht geschrieben.
„Ich bin zu dir gekommen, weil ich dachte, du bist so allein", spreche ich das Mädchen an, „dabei bist du gar nicht allein. Du hast ja deinen Teddy. Wie heißt denn dein Teddy?" Isabel verzieht keine Miene und antwortet nicht. „Ob sich dein Teddy wohl über einen kleinen Bruder freuen würde, mit dem er spielen kann? Was meinst du?" Das Mädchen nickt zaghaft. Mit Handschuhen einen Teddy zu modellieren ist eine große Herausforderung, aber ich schaffe es. Ich schaffe sogar einen sehr sportlichen Teddybruder, der förmlich tanzt und quicklebendig Purzelbäume schlägt.
Nun kann ich wieder gehen, denn Isabel ist nicht mehr einsam. Neben ihr im Bett liegen der Teddy und sein neuer Bruder. Isabel lächelt. Der Vater springt von seinem Stuhl auf, bevor ich mich zur Türe bewegen kann. „Danke!", sagt er und nimmt mich fest in die Arme. „Seit Tagen liegt meine Tochter teilnahmslos im Bett. Heute hat sich zum ersten Mal wieder gelächelt."

Es sind nicht die großen, pompösen Auftritte, die nötig sind, um Welten zu bewegen. Mitunter reicht es, ein Lächeln zu zaubern, um der Gesundung ein Stückchen näher gekommen zu sein.

„Mitunter reicht es, ein Lächeln zu zaubern, um der Gesundung ein Stückchen näher gekommen zu sein."

Timmy

Bevor ich Timmy besuche, muss ich noch meinen alten Koffer aus der Umkleide holen. Nein, nicht zum Verreisen. So weit ist es noch lange nicht, obwohl es allmählich Zeit wird, dass man einen passenden Spender findet, der ihm nicht nur ein Herz, sondern auch eine Lunge zum Weiterleben zur Verfügung stellt.

Die braune Nostalgie, die ich nur für Timmy mitschleppe, ist bereits gefüllt mit sämtlichen brauchbaren und unbrauchbaren Dingen.

Timmy strahlt über das ganze Gesicht, als ich mich mit meinem sperrigen Gepäckstück durch den Türspalt quetsche. Er sitzt bereits erwartungsvoll auf den Fußboden – die Beine so weit gespreizt, dass der Koffer genau dazwischen passt.

Routiniert öffnet er das klemmende Schloss und hält den ersten Inhaltsfund in der Hand – einen Plastiktrichter. Mit einer unbeschreiblichen kindlichen Entdeckerfreude betrachtet er ihn von allen Seiten, bis er beschließt: „Weg damit!" und ihn mit einem schallenden Lachen über seine Schulter schmeißt. Den nächsten Gegenstand kennt er ebenfalls bereits. Trotzdem tut er so, als müsste er ihn genau auf Qualität prüfen und entscheidet dann wieder: „Weg damit!", bevor er im hohen Bogen nach hinten fliegt. Der kleinen Holzflöte ergeht es nicht anders. Die vielen Weg-damit-durch-die-Luft-Saltos haben sie schon oft hart landen lassen, aber keine einzige Schramme daran tut mir leid. Timmy darf das.

„Weg damit!", ruft er schon wieder und meint diesmal einen alten Handschuh. Ihm folgen kleine Bälle, ein Schwamm, ein Spielstethoskop, eine Pflasterschachtel, eine Stoffpuppe, eine Fahrradpumpe, eine Ballonpumpe, eine Quietscheente, eine gepunktete Baumwollfliege...

Alles fliegt nach einem kurzen Check durch die Luft. Immer das gleiche Spiel – jeden Mittwoch – Woche für Woche – Monat für Monat. Timmy liebt dieses Ritual und ich liebe Timmy.

Nun ist nur noch eine grüne Mütze im Koffer. Auch die wird mit einem „Weg damit!", nach hinten geschleudert und Timmy sitzt fröhlich vor dem leeren Koffer.
Ich genieße das unbändige Lachen dieses schwer kranken Kindes. Wie ein Sonnenschein sitzt er vor mir und strahlt mich an.
Verweilend in diesem Augenblick wünsche ich mir, er würde nie enden, denn ich bin mir im Moment nicht sicher, wer hier wem eine Freude macht.

„Ich genieße das unbändige Lachen dieses schwer kranken Kindes."

Die Bank

„Bushaltestelle" steht neben einem original nachgebauten Pappschild über der 2 Meter breiten Holzbank, die im Stationsgang eine Sitzmöglichkeit bietet.
Natürlich kommt hier kein Bus vorbei. Die Mutter einer kleinen Patientin hat sich da einen nicht ganz unrealistischen Scherz erlaubt. Wahrscheinlich hat sie gesehen, wie eine Familie mit gepackten Koffern dort saß und sehnlich auf das Taxi wartete, das sie endlich nach Hause bringen sollte.
Die Beobachtung der Mutter war sehr treffend. Wer hier sitzt, wartet auf etwas – auf die Aufnahme in die Station, auf die Bereitstellung der Babynahrung, auf die Physiotherapeutin, auf die Blutentnahme, auf ein Arztgespräch, auf das Ende des operativen Eingriffs seines Kindes, auf das Untersuchungsergebnis...
Die lautlose Uhr im Blickfeld gegenüber sorgt mit ihrer bedächtigen Zeigerbewegung für das nötige Adrenalin im Körper des Sitzenden.
Auch heute ist die Bank besetzt – von einem Jugendlichen, umgeben mit Koffer und Taschen. Stumm sitzt er da und starrt auf die Uhr. Ich setze mich daneben – stumm und mit Blick auf die Uhr. Um unserem Ruhemodus ein klein wenig Leben einzuhauchen, atme ich tief ein und laaange aus. Mein Banknachbar macht es mir nach – tief ein – laaange aus. So sitzen wir eine ganz Weile und warten gemeinsam im vereinten Atemrhythmus – tief ein – laaange aus. Wenn man sich das Warten mit jemanden teilt, ist es nur halb so lang und der Zeiger der Uhr bewegt sich doppelt so schnell. Tief ein – laaange aus – wie Meditation, eine gefühlte halbe Stunde lang.
Die Leere des Wartens verliert an Gewicht. Unsere Zweisamkeit macht die Situation erträglicher und bricht das lange Schweigen des Jugendlichen. Er schaut mich an und sagt: „Ich warte auf mein Entlassungsschreiben, damit ich nach Hause darf", und setzt noch hinzu:

„Wie viel Macht doch so ein Stückchen Papier hat."
Tief ein – laaaaaange aus – so sitzen wir noch eine geraume Zeit und beugen uns der Macht des kleinen Stückchen Papieres.

„Die Leere des Wartens verliert an Gewicht. Unsere Zweisamkeit macht die Situation erträglicher."

Anton

Mit 19 Jahren war Anton schon ein junger Mann, aber sich nicht zu schade, bei den Späßen von Lupino und Tikedibuh mitzumachen.
Als begeisterter Motorradfahrer bekam er natürlich ein ganz besonderes Gefährt aus Luft von uns.
Was bei so einem Projekt, bevor es in die Produktion geht, wichtig ist, war die Frage, ob der Fahrer auch die passende Fahrerlaubnis dafür besitzt. Natürlich wurde uns die Frage bejaht, und so konnten wir die Harley nach gekonnten Drehungen dem prüfenden Papa übergeben, der es dann Anton zur ersten Ausfahrt weiterreichte.
Manchmal sind es die kleinen Dinge, die unscheinbar beginnen, und überraschend in eine Welt der Phantasie führen... und einen für einen kurzen Moment auf die Reise ins Unbeschwerte mitnehmen.
Anton und sein Papa, dessen Herz versuchte, für beide stark zu sein... und Tikedibuh und mich in ihrer Welt willkommen hießen.

„Manchmal sind es die kleinen Dinge, die unscheinbar beginnen,

und überraschend in eine Welt der Phantasie führen"

Zimmer 6

Ich klopfe an... keine Reaktion. Langsam betätige ich die Türklinke, schiebe vorsichtig die Zimmertüre auf und blicke den 12-jährigen Patienten und seine neben ihm sitzende Mutter mit der gleichen Herzlichkeit an, mit der ich jedes andere Kind begrüße. Doch bevor ich auch nur ein Wörtchen sagen kann, durchbohrt ein Wurfgeschoss gewaltigen Jähzorns meine Brust: „Raaaaaaauuuuuus!!!" In Verlängerung des ausgestreckten Armes befiehlt mir der Finger des brüllenden Jungen aufs Schärfste den Rückzug. Von der Heftigkeit dieser verbalen Detonation geschockt, bringe ich gerade noch ein freundliches „Alles Gute für dich" zustande. Danach schleiche ich gehorsam nach draußen und pausiere resigniert auf der Bank im Flur.

Das man aus verschiedenen Gründen abgelehnt wird, geschieht hin und wieder und ist verständlich, aber so etwas habe ich noch nie erlebt. Eine derartige Reaktion lässt tausende Erfolgserlebnisse wie eine Seifenblase platzen und bringt ein Gedankenkarussell zum Rotieren.

Menschen werden verletzt und verletzen. Unbewusst mitunter. Unbemerkt vom Verletzer. Aber hier darf das nicht passieren. Nicht mir! Nicht dem KlinikClown!

Gedanklich lasse ich die Szene noch einmal Revue passieren und achte dabei auf jede Kleinigkeit, die Auslöser für den Wutausbruch des Patienten gewesen sein könnte. Ich finde nichts und fange bereits an, am Einsatz von Clowns in der Klinik zu zweifeln.

Eine Frau setzt sich neben mich auf die Bank – die Mutter des „Rausschmeißers". „Das hat Thomas jetzt total gut getan", berichtet sie mir. „In den letzten Tagen hat sich sehr viel Aggression in ihm angestaut. Auch heute haben wir wieder eine niederschmetternde Nachricht bekommen. Mit diesem einen Wort, das er ihnen entgegen brüllte, hat sich sein gesamter Frust entladen. Nehmen Sie es ihm bitte nicht übel. Sie haben ihm und mir gerade sehr geholfen. Danke!"

In mir entlädt sich momentan auch etwas, nicht so schallend laut wie im Zimmer 6, eher leise und begleitet von einem langen Ausatemstrom. Nur ich allein höre das Plumpsgeräusch des Felsbrockens, der sich soeben von meinem Herzen löst. Ich habe wieder dazu gelernt und bin sehr dankbar für das Feedback der Mutter.

Mit der Gewissheit, niemanden verletzt zu haben und mit dem Wissen, auch Prellbock für angestaute Energie sein zu dürfen, straffe ich meinen Körper, kontrolliere meine Mütze auf perfekten Sitz und nehme Kurs auf das nächste Patientenzimmer.

Meinem zaghaften Klopfen an der Tür folgt ein fröhliches „Herein Lupino!"

„Das man aus verschiedenen Gründen abgelehnt wird, geschieht hin und wieder und ist verständlich, aber so etwas habe ich noch nie erlebt."

Lena

Sie wird heute entlassen – nach 14 langen Monaten Aufenthalt hier in der Kinderkardiologie. 14 Monate, die sie nur in ihrem Zimmer verbrachte, verkabelt am Infusionsbaum, umhüllt von stickiger Klinikluft und völlig von der Aussenwelt abgeschnitten. „Lupino, kannst du bitte wieder ein bisschen zählen üben mit ihr!?", beauftragte mich die Schwester oft. Die Zahlen gehören nicht zu Lenas Freunden, und was sie nicht mochte, lehnte sie stur ab. Trotzdem war es wichtig, sie ein wenig auf dem Laufenden zu halten, damit sie sich später besser in ihre Kindergartengruppe integriert.

Da ich auch nicht so fit im Zählen bin, war ich Lenas Verbündeter und der Einzige, der sie mit diesem Thema konfrontieren durfte. Wir verzählten uns gemeinsam, berichtigten uns gegenseitig und bemerkten glücklich rasante Fortschritte. Das heißt, Lena machte Fortschritte und beherrschte die Zahlenreihe bald fließend bis weit über 10. Ich dagegen strauchelte manchmal schon ab der 2, aber Lena war eine geduldige Lehrerin.

Der Grund der Entlassung ist jedoch nicht die Perfektion im Zählen, sondern ein gespendetes Herz, das ihr ein Überleben garantiert.

Heute geht ein großer Wunsch in Erfüllung – sie darf endlich nach Hause. Für unseren letzten Besuch bei ihr haben meine Spielpartnerin Pomodoro und ich uns etwas Besonderes ausgedacht – ein Lied zum Mitsingen, Mittanzen und Mitzählen. Das ganze Wochenende haben wir geübt. (Nicht nur das Zählen, sondern auch den Liedtext) und haben eine kleine Choreographie einstudiert.

Umgeben von vielen prall gefüllten Taschen steht Lena mitten im Zimmer und ruft uns überglücklich entgegen: „Schau Pomodoro, schau Lupino – ich bin frei!!", und sie dreht sich im Kreis, um uns zu zeigen, dass kein einziges Schläuchlein sie in ihrer Bewegung stoppt.

„Da können wir ja zusammen tanzen", schlage ich ihr vor. „Jaaa!", freut

sich Lena und wir starten mit unserer Darbietung. Lena schaut zu, lacht und klatscht Beifall. „Wollen wir jetzt gemeinsam...?" „Nein, ihr!"
Es ist Juli und der wie mir scheint heißeste Tag im Jahr. Die Klimaanlage in diesem Südzimmer im 9. Stock hat wahrscheinlich keine Lust zum Arbeiten, und mein Outfit ist nicht wirklich tropentauglich, erste Schweißperlen quetschen sich unter meinem Mützenrand hervor, aber gut... wir tanzen noch einmal für Lena. Kleine Zahlendreher meinerseits lässt sie kulant durchgehen. Sie ist begeistert von unseren Beinschwüngen, Drehungen, Beugungen... Als singende und tanzende Clowns hat sie uns noch nie erlebt.
„Nochmal!", fordert sie und ich bereue es bereits, meinem langärmligen Shirt treu geblieben zu sein. Mein Rücken mag solche Verrenkungen überhaupt nicht und wird mich heute Abend schmerzend dafür bestrafen. Aber momentan überwiegen die Begeisterung des Kindes und unsere Freude über ihre Genesung und lassen keine Befürchtungsgedanken zu.
Gelenkiger denn je springe ich mit Pomodoro durch die Gegend – angefeuert von Lenas Lachen.
Diesmal korrigiert sie meine Zählfehler und vom vielen Zuschauen mutig geworden, nimmt sie nun endlich meine Hand und tanzt mit uns.
Wir haben bereits ein paar Runden Vorsprung, und die stetig wachsenden nassen Kreise auf meinem Shirt sind der Beweis, aber Lenas: „Nochmal!" ist berechtigt. Sie ist ja erst in der Aufwärmphase.
Den an manchen Stellen schon dunkelweißen Kittel werfe ich im hohen Bogen von mir und mit hochgekrempelten Ärmeln folgen ein nächster, übernächster, überübernächster ... Tanz – fröhlich ausgelassen. Hand in Hand und frei.
Geht die Uhr falsch oder sind wir tatsächlich schon eine ganze Stunde lang im Zimmer? Die Tür öffnet sich einen Spalt. Schwester Sandra

„Gelenkiger denn je springe ich mit Pomodoro durch die Gegend – angefeuert von Lenas Lachen."

schiebt ihren Kopf durch und mahnt: „Vergesst bitte den Marvin nicht! Er wartet schon ganz geduldig auf euch."
„Wir kommen gleich!", rufen wir zur Türe. „Nur noch ein Tanz!" Oder sind es noch zwei oder drei...? Schlimm, wenn man es nicht so mit den Zahlen hat!
Der Schweiß, der nicht mehr in mein Gesicht passt, wurde von meiner Mütze aufgesaugt, die wiederum die überschüssigen Tropfen an die Umgebung abschüttelt. Mein Shirt klebt wie eine zweite Haut auf dem Körper, aber zu einem „Letzen Mal" lassen wir uns gerne noch einmal herumreißen. Schließlich kann man ja auch so die Wehmut kaschieren, die einem überkommt, wenn man sich von jemanden trennen muss, den man über ein ganzes Jahr durch Höhen und Tiefen begleitet hat.
Lena wird ewig in meiner Erinnerung sein, nicht nur heute, wenn ich meine triefenden Klamotten in die Wäsche schmeiße und eine Rückensalbe auftrage.
Ganz sicher wird Lena die Pomodoro und den Lupino irgendwann vergessen, wenn sie wieder im normalen Leben Fuß gefasst hat.
Aber beim Zählen wird sie bestimmt das eine oder andere Mal an mich denken.

Christiane

Nein. Es lässt mich nicht kalt, auch wenn das viele denken.
„Wie kannst du nur so fröhlich in ein Intensivzimmer gehen, in dem es so viel Leid und Traurigkeit gibt?", werde ich oft gefragt.
Vielleicht ist es ja genau das, was einen KlinikClown ausmacht – zu wissen, dass Leben und Tod zusammengehören und die schönen Augenblicke so zu leben, dass man in traurigen Momenten davon zehren kann. Im Gegensatz zum Stationsteam bin ich nicht mit der Krankheit der Patienten involviert. Ich komme von „draußen" – vom Alltagstreiben – und genau das trage ich in die Klinik. Patienten und Angehörige brauchen das und lechzen danach. Selbst dann, wenn die Prognose nicht vielversprechend ist. Mitgefühl darf und muss ich haben, wenn ich meinen Job zu aller Zufriedenheit ausführen will. Mitleid jedoch braucht keiner. Oft atme ich vor einem Krankenzimmer noch einmal tief durch und motiviere mich selbst mit den Worten: „Das Kind da drin braucht jetzt all meine Energie und meine Fröhlichkeit, denn traurig ist es schon von allein". Und wenn ich von meinem Publikum höre: „Du bist wirklich der geborene Clown!", weiß ich, dass ich meine Sache gut gemacht habe.
Ich bin keineswegs der geborene Clown – eher jemand, der ganz genau weiß, wie sich Schmerzen und Ängste anfühlen, und genau aus diesem Grund spürt mein Gegenüber hinter meiner Heiterkeit und meinen Späßen meine Verletzbarkeit und meinen Schmerz, die mich zum Gleichgesinnten macht.
Mit Christiane kam ich von Anfang an super klar. Ich war auch der Einzige, dem sie Einlass gewährte, und das lag bestimmt nicht nur an den von mir im Vorfeld gefertigten Mitbringseln.
Christiane liebt Blumen. Da sie aber hier keine echten haben darf, brachte ich ihr jeden Mittwoch ein Exemplar aus meiner „Spezialzüchtung" mit, die weder Wasser noch eine Vase braucht. Man kann die

„Lupinoblumen" stundenlang im Bett in der Hand halten, ohne dass sie verwelken. Ein bisschen kleiner werden sie höchstens, wenn die Ballonhaut porös wird und die Luft allmählich schwindet. Jede Woche hatte ich eine andersfarbige Rose dabei, mit der ich zunächst etwas schüchtern im Türrahmen rumstand. In der Intensivstation sind die Türen meist offen und ein Anklopfen würde man bei dem Lärm der Geräte überhaupt nicht hören.

„Komm nur herein, Lupino!", bat dann der Vater, der mich oft zuerst entdeckte. Eine Mischung aus Kavalier und Dorfdepp bahnte sich daraufhin einen Slalompfad zwischen Maschinen und Kabeln. Die vielen Schläuche, die das Mädchen mit Apparaten verbinden, nahm ich nie wahr. Mein Blick war stets auf das blasse, aber strahlende Gesicht des Kindes gerichtet. Ich überreichte ihr die Blume immer mit den gleichen Worten: „Die habe ich gerade für dich gepflückt. Riech mal! Die ist echt!" Christiane spielte immer mit, obwohl sie sich sicher denken konnte, dass ich da ein wenig mit Parfüm nachgeholfen hatte.

Sie sog alle Albernheiten, die mir einfielen, in sich auf, konnte nicht genug davon bekommen und auch der Vater lachte kräftig mit. Für ein paar Minuten waren alle Ängste ausgeblendet und alle Schmerzen vergessen.

Ob mich Christiane heute hören kann, weiß ich nicht. Die einen sagen, dass Sedierte nichts mitbekommen, die anderen meinen, dass das Gehör in allen Lebenslagen bis zum Schluss aktiv ist.

Am Montag, einen Tag nach Christianes 14. Geburtstag, werden alle Maschinen, die sie jetzt noch am Leben erhalten, abgestellt. Bis dahin aber, so wünschen es sich die Angehörigen, soll alles so bleiben wie bisher.

Ich blicke auf das Blütenmeer auf dem Fensterbrett. Keine einzige Rose wurde weggeschmissen. Manche Ballonblumen haben ihre Form

„Ich bin keineswegs der geborene Clown – eher jemand, der ganz genau weiß, wie sich Schmerzen und Ängste anfühlen."

bereits verändert und sind klein und verrunzelt. Der Vater bemerkt meinen Blick und sagt: „Ja, die sind schon am Verwelken. Wird Zeit, dass eine frische Blume dazu kommt!" Das ist mein Stichwort. Ich lege meine neue Rose zwischen Christianes Hände: „Die habe ich gerade für dich gepflügt. Riech mal! Die ist echt!"

Meine Kraft reicht gerade noch, um mich beim Vater und auch bei Christiane zu verabschieden. Draußen im Gang wird's eng in meinem Hals. Ich habe heute noch gar nicht mein riesiges Taschentuch ausprobiert, merke ich gerade. Außerdem war ich auch noch nicht auf der Toilette.

Danach aber heißt es wieder durchstarten. Felix kommt mir bereits mit dem Bobby Car entgegen. Nach einem strengen: „Wo bleibst du denn nur?!", folgt schon in froher Erwartung strahlend: „Machst du heute wieder das lustige Spiel mit den Ballonraketen?"

Florian

Heute strahlt er, als ich an seiner Türe stehe. Klar darf ich hinein, sonst wäre das Zimmer ja geschlossen und verdunkelt so wie die 11 Monate zuvor. Mit freiem Oberkörper liegt er im Bett und präsentiert stolz seine lange Narbe auf der Brust. Ich gratuliere ihm zum neuen Herzen und zu einer zweiten Chance, das Leben zu genießen. Die Freude und die Dankbarkeit sind ihm anzumerken. Er redet und redet und übernimmt so den Part, der monatelang der meine war. Mit 18 Jahren denkt man sich ganz anders in das Thema Organtransplantation hinein als mit 6 oder 7 Jahren. Man hat den großen Wunsch zu überleben, kann aber auch nicht ausblenden, dass dafür ein anderer Mensch sterben muss. Vater und Mutter waren ständig bei ihm am Krankenbett. Die Freunde besuchten ihn leider nicht. Wahrscheinlich hatten sie große Berührungsängste. Dabei hätte er dringend einen Freund an seiner Seite gebraucht, mit dem er auch mal das besprechen kann, was man den Eltern nicht unbedingt anvertrauen will. Ob ich ihm während der Wartezeit ein Freund war, weiß ich nicht. Zumindest hat er mich immer ins Zimmer gebeten, er, der sich eher zurückzog und mit niemanden aus dem Pflegeteam reden wollte. Mein Outfit störte ihn nicht, obwohl wir meist ernste, tiefgründige Gespräche führten.

Er erzählt immer noch, ist nicht zu bremsen. Auch wenn er momentan noch etwas schwach ist, wird er es schaffen. Das verrät mir seine nie zuvor da gewesene Euphorie. Heute passt die rote Nase und ich kann ihm ohne Bedenken als Spaßmacher gegenüber treten. Das erste Mal seit langer Zeit!

Ich verabschiede mich und schwebe glücklich aus dem Zimmer.

„Lupino!", ruft er mir nach und als ich mich umdrehe, kommt von Herzen – von seinem neuen – ein „Dankeschön!"

„Ich gratuliere ihm zum neuen Herzen und zu einer zweiten Chance, das Leben zu genießen"

Katharina

Katharina ist die letzte auf meiner Besucherliste. Nicht weil ich sie nicht mag, sondern weil ich ihr die meiste Zeit schenken will. Den Sonderbonus hat jedes Kind, dass länger als ein Jahr hier ist und in dieser Zeit das Zimmer nicht verlassen darf.

Obwohl sie ganz genau weiß, dass ich erst am Nachmittag – und zu ihr sogar erst am späten Nachmittag – komme, schaut sie laut Aussagen der Mutter bereits mehrmals am Vormittag in den Stationsgang und hofft auf mein Erscheinen.

Sie kennt mich gut und wird mir meinen – ausnahmsweise – Dreitagebart verzeihen. Auch ich weiß um ihre Vorlieben und habe heute eine gigantische Idee im Hinterkopf.

Das Anklopfen vergesse ich selbst hier nicht, auch wenn ich weiß, dass es bei Katharina überflüssig ist. Wie ein Wirbelwind saust sie mir entgegen und bevor ich mit meinen Worten loslegen kann, schreit sie: „Was ist den heute mit deinem Gesicht los? Du siehst ja aus wie ein Kaktus!" Also doch keine Toleranz für meine unterlassene Morgentoilette. „Ein Kaktus ist aber grün, ich muss dich färben! Setz dich dorthin!!" Diesem Befehlston wage ich nicht, mich zu widersetzen. Aggressionsgeladen zerrt sie einen Farbkasten aus dem Schrank. Woher sie so schnell den Wasserbecher nahm, kann ich nicht nachvollziehen und ehe ich mich versehe, taucht der dicke Pinsel zuerst in die grüne Farbe und streicht dann feuchtigkeitstriefend über meine Wange. Wasserbäche stürzen wie kalte Fluten durch den Halsausschnitt bis zum Bauch. Ich sage nichts. Ich halte aus. Auch sie muss aushalten und darf nichts sagen, wenn sich Kanülen in ihre dünnen Äderchen bohren, das Gewebe entzünden und schmerzend die nötige Medizin einspritzen, damit ihr Zustand einigermaßen stabil bleibt.

Täglich erträgt sie tapfer mehrere Tortouren ohne zu wissen, ob die erlösende OP jemals stattfinden wird. Sie spürt die Angst der Mutter und will sie mit Ungehorsam nicht noch mehr belasten. Klatsch! Schon der nächste Farbklecks auf der Nase. Ich presse die Lippen zusammen, damit ich möglichst wenig Geschmack von der grünen Pampe abbekomme. „Augen zu!", schreit sie und ich bin ihr dankbar, dass sie mich vorwarnte. Heftige Pinselstriche bearbeiten meine Stirn. Allmählich werden ihre Züge weicher und sanfter. Richtig liebevoll und mit einer angemessenen Wasserdosierung vollendet sie ihr Werk und lacht: „Gut siehst du aus! Wie ein richtig lebendiger Kaktus!" Sie freut sich und springt und tanzt mit mir. Alle Wut ist raus. So kenne ich sie. Die Mutter darf den Kaktus und Prinzessin Katharina fotografieren, dann spielen wir mit ihrer neuen Puppe. Hier passt dann auch endlich meine Idee und alles ist rund.

„Danke Lupino. Vielen, vielen Dank!" Ist das eine Träne in Mamas Augen?

Dass ich einen andersfarbigen Teint habe, hatte ich fast vergessen. Erst draußen im Gang machen mich die Lacher darauf aufmerksam: „Ein Clown mit grünem Gesicht!" Ich warte noch ein Weilchen mit dem Abwaschen und betrachte mich stolz im Spiegel. Das ist nicht das Gesicht eines Clowns, sondern das eines treuen Freundes – eines richtig dicken verlässlichen Freundes.

„Ich weiß um ihre Vorlieben und habe heute eine gigantische Idee im Hinterkopf."

Ein Mittwoch wie jeder andere

Unauffällig mische ich mich unter die Menschen, die die lange Besucherstraße der Klinik passieren. Ich bin hier nicht der Einzige, der einen Rollkoffer hinter sich her zieht, wohl aber der Einzige, dessen Kofferinhalt neben dem Outfit eines Spaßvogels vorrangig aus Luftballons und Seifenlauge besteht. Den Weg finde ich blind – die übernächste Abzweigung rechts und dann mit dem Fahrstuhl bis in die 9. Etage.

„Ein Herz für Kinder" steht neben dem Bild an der Wand vor der Station geschrieben. Das trifft es genau, denn viele der kleinen Patientinnen und Patienten, die ich gleich besuchen werde, sind lebensbedrohlich am Herzen erkrankt und warten auf ein rettendes Spenderorgan. Ich habe auch ein Herz, das für Kinder schlägt, aber ganz kann ich es nicht hergeben, ich kann es nur stückchenweise verschenken.

Es ist ein Mittwoch wie jeder andere und doch immer wieder anders, denn ich weiß nicht, was mich gleich hinter der Glastüre erwartet. Vertraut ist nur das Summen der Türautomatik. Was dann kommt, ist jede Woche neu.

Ich habe noch nicht richtig den Gang betreten, da rennt mir ein kleines Mädchen entgegen und mit einem freudigen: „Lupiiiiiinooo!!", fliegt sie mir in die Arme und drückt sich fest an mich.

Dabei bin ich noch gar nicht Lupino – der liegt fein zusammengefaltet im Koffer neben mir.

Sie hat mich nicht an der roten Nase erkannt, sondern an meinem Herzen. Und bevor ich ihr ein klein wenig davon abgeben konnte, hat sie mir ein großes Stück von ihrem geschenkt.

Marion

Wer glaubt, dass KlinikClowns nur ins Krankenhaus gehen und dort Kinder besuchen, denen möchte ich gerne von Marion erzählen. Marion war ein besonderes Mädchen von gerade mal 18 Jahren. All ihre Familie und Freunde hatten sich versammelt und erzählten die wunderschönsten Erlebnisse mit ihr.

Ich kannte sie nicht, aber Geschichte um Geschichte hat sie mich immer mehr berührt. Auch ich durfte erzählen... von der Arbeit der KlinikClowns, die sie während ihres langen Aufenthaltes im Krankenhaus kennenlernen durfte.

Und so standen wir alle vor ihrem Grab und waren eins in dem Schmerz, der uns verband. Und wir waren eins in der Freude, dass wir ein Teil von Marions Leben sein durften.

Am Ende stehe ich immer noch bei ihr. Monat für Monat. Jahr um Jahr. Solange ich stehen kann. Und so ist Marions Abschied ein Teil meines Lebens geworden. Ein Teil von Lupino. Ein Teil von Luitpold Klassen.

Vielen Dank

Hätte ich bestimmte Dinge in meinem Leben nie gemacht – und viele davon bereue ich zutiefst – wäre ich jetzt nicht da, wo ich bin.
Viele Menschen, die ich begleitet habe und die ich begleiten durfte, haben mir ihr Vertrauen und ihre Freundschaft geschenkt und mir geholfen, zu der Person zu werden, die ich heute bin. Bei all jenen möchte ich mich bedanken und sie mögen mir verzeihen, dass ich sie hier nicht alle namentlich aufzählen kann.
Das erste schwer verletzte Kind, dass ich vor vielen Jahren in einem Krankenhaus besuchte, war meine Tochter Sabrina. Ihr möchte ich gerne heute an dieser Stelle sagen: „Ein ganz tiefes Danke und eine von Herzen kommende Entschuldigung für die Zeit, die ich dir nie geschenkt habe."
Dass ich diese „Kunterbunten Begegnungen" erleben darf, verdanke ich in erster Linie natürlich den Kindern in der Klinik und deren Eltern. In so einer schweren Zeit ist es nicht selbstverständlich, dass man als Clown ein Krankenzimmer betreten darf. Sie öffneten mir stets die Türen und beschenkten mich reich – mit einem Augenblick ihrer Zeit.
Ein ganz besonderer Dank gilt auch dem Verein KlinikClowns Bayern e.V. und dessen Gründerin Elisabeth Makepeace, die mich im Jahre 2007 in ihr Team aufnahm. Für ihre Geduld, die sie mit mir hat, für meine vielen Eigenheiten und das sie immer hinter mir stand.
Ich danke Yueh Weber-Lu, Nadia Tamborrini und Anna Utzerath, die als wunderbare Yaou Yaou, Pomodoro und Tikedibuh viele meiner Begegnungen begleitet haben und mir immer zur Seite spielten.
Den Schwestern, Pflegern, Ärztinnen, Ärzte, Professoren und Betreuern in der Klinik sei Dank, aber auch den Reinigungskräften, die die unzähligen Seifenblasen Rückstände, Toilettenpapier-Reste, Luftballon-Fetzen und Konfetti von den möglichen und unmöglichen Plätzen beseitigen mussten.

Ein großer Dank an Helene Klassen, die mich dazu bewegt hat, ein Clown zu werden.
Ein Dankeschön an die Schule für Clowns in Mainz und an Michael Stuhlmiller, dessen harte Ausbildung mir geholfen hat, mein inneres Kind zu finden, meine Spielfreude zu entdecken und die Fähigkeit zu entwickeln, im Moment zu leben.

Nachwort

Wenn ich das Rad der Zeit zurückdrehen und im Jahre 2002 anhalten könnte, wäre ich gerade mal 40 Jahre jung und würde das erste Mal Clowns in ihrer Ausbildung kennen lernen. Wohl gemerkt, Clowns... keine KlinikClowns. Die Ausbildung zum Clown bzw. zum Clownsschauspieler ist weitaus weniger lustig, als man sich das vorstellen mag. Es ist ein Handwerk, das man unter anderem an der Schule für Clowns in Mainz erlernen konnte. Einradfahren, Stelzen laufen, Akrobatik, Stimme und Gesang, Pantomime, Jonglage, Commedia dell'arte und natürlich auch Clownerie in Theorie und Praxis. Aber wie entsteht Komik und welche Parameter benutzt man dafür? Mach kleine Dinge groß und alles Große klein. Aus schnell wird langsam und aus langsam schnell. Verkehr die Welt und drehe alles auf den Kopf. Gib den Dingen, mit denen du spielst, deine volle Aufmerksamkeit und deine ganze Energie. Entdecke deine Spielfreude, deine Neugier und die Unvoreingenommenheit eines Kindes.
Entdecke das innere Kind in dir, dein inneres Tier und den Dorfdepp. Das war das Credo der zweijährigen Vollzeit-Ausbildung.
Nach meiner Ausbildung bemerkte ich relativ schnell, dass Stellenangebote in Zeitungen und Internet nicht von Clowns sprachen und ein geregeltes Einkommen nicht in Sicht war. Schon während meiner Ausbildungszeit durfte ich aber Erfahrungen als Clown im Altenheim und in Pflegeeinrichtungen machen. Damals zeigte ich den Bewohnerinnen und Bewohnern in den Aufenthaltsräumen der Einrichtungen meine Künste, und alles was ich bis dahin erlernt hatte. Überwiegend in Pantomime, Jonglage und Akrobatik. Das kam gut an, aber nur bei den Menschen, die mir folgen konnten und noch fit waren. Geistig wie körperlich. Aber wie sah es in den Zimmern aus? Mit Bewohnerinnen und Bewohnern, die weder aus ihren Zimmern noch aus den Betten konnten? Menschen, die keine Reaktionen mehr zeigten. Vermeintlich.

Denn es waren durchaus Reaktionen da, minimal und so zart, dass ich sie damals nicht erkennen konnte.

Ich erinnere mich bis heute daran, wie mich eine Pflegekraft gebeten hatte, eine bettlägrige Bewohnerin in ihrem Zimmer zu besuchen.

Natürlich ging ich zu ihr, aber konnte ich etwas machen, geschweige denn etwas bewirken? Nein, und wenn, dann hätte ich es nicht mal bemerkt. Ich wusste nicht einmal, wie ich sie hätte erreichen können. So etwas lernt man nicht auf einer Clownsschule.

Das lernte ich erst später, als ich beim Verein KlinikClowns Bayern e.V. mit langjährigen KlinikClowninnen und KlinikClowns Erfahrungen sammeln durfte. Sie waren Profis auf ihrem Gebiet und wussten genau, wie man Begegnungen schafft und Menschen berührt. Mal auf eine lustige, mal auf sanfte und mitfühlende Art und manchmal einfach nur so. Sie konnten jede kleine Bewegung deuten und registrieren, jeden noch so kleinen Augenaufschlag oder die Bewegung der Lippen, wenn diese ganz besonderen Menschen in den Einrichtungen der Alten- und Seniorenheimen zwar nicht mehr mitsingen konnten, aber sich daran erinnerten. Da sein und den Moment in der Begegnung gemeinsam genießen. So ein einfacher Satz, und doch so schwer umzusetzen.

Mittlerweile bin ich seit über 15 Jahren in mehr als 3500 Einsätzen als KlinikClown Lupino Valentino auf Kinderstationen der Kardiologie, in der Kinderpalliativ, in Alten- und Pflegeeinrichtungen sowie auf Palliativstationen für Erwachsene und im Hospiz mit KlinikClowns KollegInnen unterwegs. Heute sehe ich mich nicht mehr vorrangig als Clown. Das ist zwar ein Handwerk, das ich einmal erlernt habe und das natürlich von Vorteil ist, wenn man es beherrscht. Es ist ein Türöffner, der nicht nur Türen, sondern auch Herzen öffnet. Heute sehe ich mich als Menschenberührer, der die Menschen wahrnimmt und mehr entdeckt, als im ersten Moment zu erkennen ist.

Heute begegne ich ihnen im Hier und Jetzt. Egal ob jung, jung geblieben, ob Kind oder Senior, egal welche Krankheit oder Gebrechen, ob Frau, Mann oder Gender, denn jeder Mensch und jede Begegnung ist etwas Besonderes, und es ist ein Geschenk.

Entgegen diesen kunterbunten Begegnungen in diesem kleinen Büchlein, sind die KlinikClowns grundsätzlich natürlich immer zu zweit unterwegs um die bestmöglichen Begegnungen zu schaffen. Und ich möchte mich hier noch einmal ganz besonders bei meinen vielen wunderbaren Spielpartnerinnen bedanken. Für die Gemeinsamkeiten, für konstruktive Kritik, für den vielen Austausch und die gemeinsame Reflektion, für den Zusammenhalt, für die Unterstützungen und die Ideen, für die Schultern zum Anlehnen, für ihre Ohren und ihre Geduld, wenn ich nicht mehr aufhören konnte zu reden oder keine Worte mehr fand.

Durch die unterschiedlichsten Umstände oder Begebenheiten haben sich Besuche und Begegnungen aber auch alleine ergeben, die ich hier in diesen Büchlein zusammen getragen habe. Manchmal hatte man auch zu bestimmten Kindern vorrangigen Bezug, und so haben sich aus diesen vielen Begegnungen ein paar Geschichten, und eigentlich viel viel mehr zusammen getragen.

```
    Für meine Mama, für Marion und für Anton
                — im Gedenken
```

Luitpold Klassen hat nach jahrelanger Arbeit als Schreiner mit der Ausbildung zum Clown-Schauspieler seinem Leben eine Wende in Richtung soziales Engagement gegeben. Neben seiner freiberuflichen Arbeit als Clown, Schauspieler, Stelzenläufer und Ballonkünstler ist er als KlinikClown in Kinderstationen, in der Palliativstation, im Hospiz und in Altenheimen tätig.
Ehrenamtlich betreute er schwer kranke sowie sterbende Kinder im Rahmen des AKM.
Mit der Figur des „Lupino Valentino" verdeutlicht er sehr treffend den großen Unterschied zwischen einem Clown im Zirkus und einem KlinikClown.

Stefanie Gekle ist Dipl. Grafik-Designerin und Dipl. Kunsttherapeutin. Nach verschiedenen Stationen für Studium und Beruf lebt und arbeitet sie nun mit ihrer 4köpfigen Familie & Hündin Berta in Bayreuth. In ihrem Atelier bietet sie Kunsttherapie für Kinder und Erwachsene an und ist auch in Kliniken tätig. Als selbständige Grafikerin arbeitet sie an eigenen Projekten und gestaltet für Aufträge Illustrationen, Bücher, Kalender, Plakate, Flyer, Messeauftritte etc.. Sie arbeitet seit vielen Jahren mit Klinikclowns zusammen und ist außerdem in der ehrenamtlichen Hospizarbeit aktiv.
www.stefaniegekle-bilderwelten.de

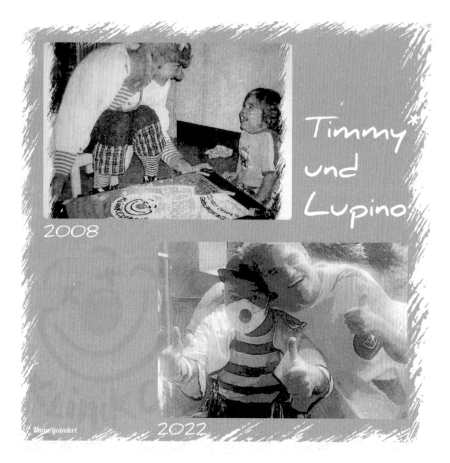